Chaves para a *liberdade*

Catalogação na Fonte
Elaborado por: Dayanne Leal Souza
Bibliotecária CRB 9/2162

S586c
2025

Silva, Marta Vanuza Gomes da
Chaves para a liberdade: relatos de violência sexual / Marta Vanuza Gomes da Silva. - 1. ed. - Curitiba: Appris, 2025.
67 p. ; 21 cm.

ISBN 978-65-250-7682-9

1. Memória autobiográfica. 2. Crime sexual. 3. Vítima de abuso sexual. 4. Denúncia (Direito penal). 5. Garantia (Direito). 6. Cura. I. Título.

CDD - B869.3

Appris editorial

Editora e Livraria Appris Ltda.
Av. Manoel Ribas, 2265 - Mercês
Curitiba/PR - CEP: 80810-002
Tel. (41) 3156 - 4731
www.editoraappris.com.br

Printed in Brazil
Impresso no Brasil

Marta Vanuza Gomes da Silva

Chaves para a *liberdade*

Curitiba, PR

2025

FICHA TÉCNICA

EDITORIAL	Augusto V. de A. Coelho Sara C. de Andrade Coelho
COMITÊ EDITORIAL	Ana El Achkar (Universo/RJ) Andréa Barbosa Gouveia (UFPR) Jacques de Lima Ferreira (UNOESC) Marília Andrade Torales Campos (UFPR) Patrícia L. Torres (PUCPR) Roberta Ecleide Kelly (NEPE) Toni Reis (UP)
CONSULTORES	Luiz Carlos Oliveira Maria Tereza R. Pahl Marli C. de Andrade
SUPERVISORA EDITORIAL	Renata C. Lopes
PRODUÇÃO EDITORIAL	Sabrina Costa
REVISÃO	Stephanie Ferreira Lima
PROJETO GRÁFICO	Amélia Lopes
ILUSTRAÇÃO	Jorm Sangsorn
REVISÃO DE PROVA	Lavínia Albuquerque

AGRADECIMENTOS

Com o coração alegre e grato, agradeço pelas infinitas bênçãos que vivencio. Gratidão à vida e às graças alcançadas todos os dias direto da fonte criadora. A Deus, toda honra e glória, pois d'Ele recebo a centelha de vida, de luz e de amor para desfrutar e retribuir todas as dádivas.

Agradeço a todas as pessoas que cruzaram meu caminho, sobretudo as pessoas que ainda andam comigo e não soltaram minha mão. Todos colaboraram para que eu me tornasse quem eu sou hoje.

Agradeço à minha família, a começar pelos meus queridos pais (*in memoriam*). Eles me geraram, ensinaram, me amaram e fizeram o melhor que podiam com o entendimento que possuíam.

Agradeço às minhas irmãs, três mulheres lindas e fortes que marcam minha vida com tamanha presença e ensinamentos, cada uma com seu jeitinho particular e especial, que complementam minha trajetória.

Agradeço ao meu esposo e às minhas três filhas, que formam minha base e motivação diária. Meus preciosos pedacinhos, que convivem de perto com os meus anseios, experiências e compartilham dos meus desafios e conquistas.

Agradeço a você que está lendo este livro! Compartilho o desejo de que, a cada página, possamos nos conectar e que, ao terminá-lo, sinta-se transformado e impulsionado pelo conhecimento adquirido a fazer parte de uma egrégora de pessoas com um relevante propósito: fazer a diferença na vida do outro, apenas contribuindo com a nossa parte!

Recebam o meu carinho, minha gratidão e sintam a alegria de embarcar nesta nova jornada de conhecimento! Para alguns, o início de uma nova vida, e para outros a satisfação da certeza de que podem deixar seu legado de luz para aqueles que um dia se encontraram com a escuridão.

A todas as vítimas de violência sexual.

APRESENTAÇÃO

BOAS-VINDAS!

Olá, meu nome é Marta Vanuza (mais conhecida como Martinha)! Sou esposa, sou mãe, sou avó, sou irmã, sou filha, sou amiga, sou vizinha, sou madrinha. Destaco esses papéis, pois, à medida que os executo, as particularidades de cada função me constroem e ajudo a construírem!

No campo profissional, sou assistente social de formação e especialista em Gestão de Políticas Públicas e em Garantia de Direitos e Cuidados à Criança e ao Adolescente, perita judicial, palestrante e coautora do livro *Comprometidos com o seu crescimento.*

É com desejo de libertação e sentimento de compromisso comigo e com as milhares de pessoas que sofreram violência sexual que venho, por meio deste livro, compartilhar partes da minha história, que serão relatadas nas próximas páginas.

Que este conteúdo, bravamente escrito, seja luz para todos aqueles que buscam ajudar pessoas vítimas das mais diversas formas de violências; que seja um instrumento de conhecimento para aqueles que desejam compreender sobre o assunto; que seja um canal para abraçar as pessoas vítimas que, assim como eu, vivenciaram essa dolorosa experiência.

Aqui, a linguagem, o sentimento e o olhar são através da lente de alguém que enfrentou alguns episódios de violência sexual. Partilho sobre as diversas fases, como o momento do ocorrido, a paralisação, a culpa, as consequências, a busca pela sobrevivência, por ajuda, tratamento e a superação. Os fatos são reais, no entanto os nomes das personagens são fictícios para garantir o sigilo, sendo apenas verdadeiro o meu nome e de uma amiga de infância.

A você, que está prestes a ler minha experiência, ressalto que só saberá das situações aqui descritas por meio da leitura deste livro ou ao ouvir falar sobre ele, afinal este conteúdo foi gerado em silêncio e faz parte do meu processo de cura e do propósito de ser um instrumento para muitos, por meio do ato de transbordar um pouco de conhecimento e da vivência sobre o tema, possibilitando a identificação de sinais, a prevenção e os caminhos para ofertar ou buscar ajuda profissional para as vítimas.

Se os relatos gerarem gatilhos, saiba que você não está só!

PREFÁCIO

A violência sexual e psicológica representam algumas das formas mais cruéis de abuso que podem devastar a vida de uma pessoa. Esses tipos de violência não deixam apenas marcas visíveis, mas também cicatrizam profundamente a alma e o espírito das vítimas.

A dor emocional e psicológica, muitas vezes invisível aos olhos alheios, pode ser ainda mais avassaladora, criando um ciclo de sofrimento que se perpetua por anos. No entanto, o caminho para a recuperação e para a justiça começa com a coragem de denunciar.

Romper o silêncio, ainda que em meio ao medo e à vergonha, é um ato de resistência e de afirmação da dignidade humana. Denunciar é um passo fundamental para a quebra do ciclo de abuso, não apenas para as vítimas, mas para a sociedade, que deve ser agente ativo na luta pela erradicação dessa violência.

Neste livro, você encontrará um relato corajoso da autora sobre suas mais profundas dores, compreenderá a importância de enfrentar e curar os traumas causados pelos abusos, refletirá sobre a relevância da denúncia e sobre o papel essencial de cada um de nós em acolher, ouvir e apoiar aqueles que têm a bravura de compartilhar sua história para iluminar o caminho de milhares de pessoas que poderão encontrar respostas e alívio por meio desta leitura.

Marta Vanuza realiza neste livro algo muito raro de encontrarmos em literaturas sobre abuso sexual, apontando com firmeza sua gravidade, relatando com clareza e detalhes os traumas sofridos, mas, ao mesmo tempo, deixando em nossa alma um toque amoroso de quem transcendeu e ressignificou sua própria história, extraindo dela sua força e transformando-a em missão.

Giseli Oliveira

Psicóloga clínica Idealizadora e autora do PRO-EVA (Programa de Empoderamento a Vítimas de Abusos)

SUMÁRIO

Capítulo 1

Primeiro episódio de *violência sexual*

1.1 A história

Era uma vez, quando eu era uma garotinha, sempre fui chamada pelos pais e vizinhos de Vanuza. Cursava o ensino fundamental, estudava em escola pública, morava com a família (pais e duas irmãs, sendo Maria a mais velha e Mariana, a mais nova). Adorava brincar com os amiguinhos do bairro e, assim como milhares de crianças, vivia uma vida “normal e feliz”.

Em um dia comum, fiquei sabendo que minha irmã mais velha estava namorando e, para nossa mãe não ficar sabendo, ao sairmos da Escola, tínhamos que passar na casa do menino. Nessa residência, sempre estava o Pedro, namorado da minha irmã. Estavam também João, seu irmão, e duas amigas e vizinhas nossas, a Roberta, da idade de Maria, e Isabelly, que tinha a mesma idade que eu e estudávamos juntas.

Um belo dia, Roberta me abordou quando estávamos na casa de Pedro e disse:

— Vanuza, o João quer namorar com você. Você aceita?

Fiquei sem resposta na hora e ela insistiu dizendo:

— Pensa e depois você responde.

Fui para casa e ficava pensando:

— Será que namoro com João?

Eu não gostava dele, mas achei interessante a ideia, fiquei curiosa em saber como é namorar, afinal, minha irmã já estava namorando.

Roberta não desistia, todos os dias me indagava, me instigava e dizia que João estava aguardando a resposta. Em um determinado momento, ela me chamou para dentro da casa e lá na cozinha estava o João me esperando. Sem demora, *ele se aproximou e me beijou*. Nossa! Pegou-me de surpresa, *foi um daqueles beijos de "desentupir pia"*. Na hora, fiquei sem reação e, depois, só ficava pensando nisso, lembrando da cena. Não sei explicar a sensação, ora parecia boa, ora parecia que tinha feito algo muito errado.

No dia seguinte, lá estávamos na casa deles de novo, mas, dessa vez, éramos dois casais de namorados, minha irmã e o Pedro, eu e o João e, lógico, nossas amigas sempre juntas. Até que um dia, no início da tarde, a Roberta me chamou na frente da minha casa e *disse que o João precisava falar comigo*. Como eles moravam praticamente na esquina da minha residência, eu pensei um pouco e falei:

— Então vamos lá rapidinho.

Quando chegamos na casa dele, ela me pontuou:

— Olha, Vanuza, *não tem ninguém na casa*, só nós e o João. *Ele está dentro do quarto e vocês precisam fazer algo que todos os namorados fazem*. Você precisa vestir esse vestido branco e entrar lá.

Ela complementou:

— *Tem que ser rápido. Vamos*! Vou te ajudar a se vestir.

E mais uma vez fui pega de surpresa. Não tive reação, fiquei sem entender, um pouco nervosa, colocamos o vestido. Ela abriu a porta do quarto e me empurrou.

Quando entrei, pensei:

— O que está acontecendo?

Sentia meu coração disparado, tive medo e vontade de chorar. Deparei-me com um quarto escuro, com algumas frestas de luz que adentravam entre as madeiras da estrutura da casa. E lá estava o João, nu. Aquele rapaz grandão, com aquela corrente prateada no pescoço. Aproximou-se e me beijou, sempre aquele beijo de desentupir pia e isso já me assustava um pouco. *Depois, tirou o meu vestido, a calcinha, me colocou na cama.*

Fiquei apavorada, internamente desesperada, mas sem voz, sem conseguir gritar ou falar, fui acometida pelo medo e silêncio, não conseguia reagir. E aqueles segundos ou minutos pareciam eternos, eu não sabia o que iria acontecer comigo. Lembro apenas que ele era tão grande que seu corpo não se encaixava no meu. Se ele beijava minha boca, seu quadril ficava do meu joelho abaixo e, quando ele subia, me sentia sufocada com partes do seu corpo no meu rosto. Ainda lembro da sua respiração ofegante e daquela corrente prateada balançando na altura dos meus olhos.

1.2 A salvação

Em meio àqueles segundos (que pareciam uma eternidade), ouvi o grito da minha mãe pela rua:

— Vanuza, Vanuza, Vanuza!

Automaticamente, falei:

— Minha mãe, minha mãe, preciso ir.

Consegui reagir naquele desespero, comecei a empurrá-lo e, quando ele também ouviu a voz da minha mãe, se assustou e me soltou. Rapidamente, me levantei, peguei a calcinha no chão, abri o quarto, peguei minha roupa que estava com a Roberta, ela ajudou a me vestir, e saí correndo para minha casa.

— Ufa, minha mãe me salvou! Minha mãe me salvou! Minha mãe me salvou! — era o pensamento que vinha na minha cabeça enquanto eu estava em disparada pela rua.

Nunca pensei que ia gostar tanto de ouvir os gritos da minha mãe, dessa vez, seus gritos me salvaram. Não me lembro qual foi a desculpa que dei para ela, mas, a partir daquele momento, me tornei eternamente grata à minha mãezinha. Só depois, horas depois, percebi que estava com uma calcinha que não era a minha, provavelmente no apuro e naquele quarto com pouca luz, peguei a calcinha da irmã de João. Que enrascada!

Ainda tive que me preocupar, pensar numa estratégia de como esconder ou dar fim àquela calcinha para ninguém ver, pois nessa hora eu já sentia muito medo de ser descoberta, já estava amedrontada, algo diferente já havia acontecido dentro de mim.

1.3 O João

João era um rapaz alto, pele morena, forte, musculoso, lembro-me dele fazendo treinamento físico com corrente e bastão no quintal de sua casa embaixo das sombras dos dois grandes pés de manga. Morava com seus pais e dois irmãos (Pedro, o mais velho, e sua irmã, um pouco maior que eu). Não lembro a idade dele, não sei se eu sabia, não me lembro da sua fisionomia, nem da sua voz, se estudava ou trabalhava. A única coisa que me recordo é de seu corpo grande, do que ocorreu naquele quarto, dos seus treinamentos e da sua corrente grande prateada batendo em meu rosto.

1.4 O bloqueio

Por incrível que pareça, tem coisas que estão bloqueadas até hoje, como a idade exata que eu tinha. Já me esforcei, o mais próximo que cheguei é que eu era bem magrinha, pequena de estatura e estava no ensino fundamental. Ele era grande, talvez pela altura, um adolescente de 17 anos ou um adulto jovem, realmente eu não sei. Pode ser que um dia eu me lembre da sua fisionomia, idade, voz etc., ou eu nunca me recorde.

Alguns pesquisadores relatam sobre o bloqueio da mente diante de traumas, especialmente decorrentes da violência sexual. A compreensão de como o cérebro processa e armazena memórias traumáticas nos possibilita compreender como se dá o bloqueio da mente e/ou a "quebra" da memória. Podemos também encontrar algumas respostas na pesquisa de David Spingel (2023), em *Amnésia dissociativa*, que expõe: "[...] os pacientes não conseguem recordar informações importantes (geralmente relacionadas a trauma ou estresse) que normalmente não seriam perdidas com o esquecimento normal, informação" (Spingel, 2023, online).

Ter esse lapso na memória é uma situação desconfortável, é como se eu fosse invalidada todas as vezes que tentava falar sobre o assunto. Em uma dessas tentativas, uma pessoa me perguntou se isso não era coisa da minha cabeça, que talvez não fosse bem assim. Confesso que em um determinado momento até eu já me questionei a respeito, por não conseguir lembrar de alguns detalhes como pontuado anteriormente. Ainda bem que, após adulta e conseguindo ter melhor entendimento, encontrei explicação científica sobre a falha na memória e hoje, já não me sinto insegura em expor a situação.

1.5 A culpa

Fui "salva" pela minha mãe, mas não compreendia o porquê eu estava daquele jeito. Um buraco, um vazio em mim, um medo terrível e uma sensação de ter feito algo errado e muito feio. Eu pensava e me questionava: por que eu fiz besteira com o João? Por quê?

Besteira era o nome que eu sabia dar para aquilo que tinha acontecido, não tinha conhecimento e nem tinha ouvido falar nada ainda sobre sexo, relacionamento sexual entre namorados etc., provavelmente pela minha tenra idade. Na minha concepção limitada para a época, imaginei que eu tinha feito besteira e isso era muito feio e minha mãe não poderia descobrir. Caso soubesse, era certeza que iria me bater. Fui tomada por sentimentos ruins, foram tempos de escuridão e a angústia me invadia de forma profunda.

Diariamente, eu era consumida pela dor e culpa de ter feito algo feio e errado. Eu não compreendia de forma clara o que realmente tinha acontecido, mas eu sentia a tristeza como companheira, algo havia mudado. Eu estava refém de um sentimento ruim que parecia não ter fim.

1.6 A tortura psicológica e a humilhação

No dia seguinte, a Roberta falou em alto e bom tom na frente dos nossos amigos assim:

— A Vanuza deu para o João.

Ao ouvir, eu disse:

— Como assim?

Fiquei chocada, assustada com o termo "deu" para o João, afinal, o que isso significaria? Parece que ela estava contando para todo mundo o que aconteceu. Na hora pensei:

— Minha mãe vai descobrir e eu vou apanhar. O que eu fiz?

E o desespero surgiu, depois apareceram os momentos de choro escondido, me encontrava sozinha e muito assustada, sem chance de me defender. E como me defender, se eu não entendia o que estava acontecendo?! Sem ter para quem pedir ajuda, o medo e a vergonha dominaram todo o meu ser.

Naquele momento, eu já era uma criança em sofrimento psíquico sem ter o mínimo entendimento da situação. Na cabeça, a única resposta era que eu estava com medo da minha mãe descobrir, mas, no campo das emoções, algo me apertava e eu não tinha o mínimo controle daquele sentimento que parecia não ir embora.

E o que era ruim, poderia ficar pior. Meus dias se tornaram ainda mais difíceis, pois minha irmã, Maria, quando descobriu o que aconteceu comigo por meio da fala da Roberta, começou a fazer ameaças de contar para minha mãe. Então, eu tinha que fazer tudo que ela queria, tudo que ela mandava fazer em casa e que era da sua responsabilidade, caso contrário, contaria para minha mãe.

Passei a ser refém também dos inúmeros episódios de chantagens da minha irmã. Em algumas ocasiões, para intensificar as ameaças, ela dava indiretas na frente dos meus pais. Lembro de uma vez que me surpreendeu de forma assustadora. Minha mãe estava conosco e ela jogou em cima de mim um papel escrito em letras maiúsculas a palavra TARADA. Naquele dia, quase morri de medo de ser descoberta, foi por pouco, ainda bem que minha mãe não prestou atenção na palavra que tinha naquele papel.

E sob pressão psicológica e ameaças diárias, passaram-se longos e terríveis dias. Não sei como consegui esconder dos outros a dor que me assolava e ainda lidar com a situação dentro de casa com minha irmã. O que sei é que ninguém da família, amiguinhos ou professora[1] perceberam qualquer sinal de que algo diferente pudesse estar acontecendo comigo. Hoje, o questionamento é: será que eu, sendo criança, realmente possuía essa habilidade de esconder/disfarçar uma situação de violência? Ou, assim como vemos atualmente, as crianças e adolescentes continuam passando por nós de forma despercebida, mesmo gritando por um olhar, por meio de seus comportamentos, muitas vezes tidos como "birras e rebeldias"?

1.7 O desfecho

Em um daqueles dias, sob ameaças constantes da minha irmã, Maria, lembro que, no fim de uma tarde, estava tomando banho e chorando muito. Realmente, já não aguentava mais esconder aquela situação, eu só queria morrer. Já não suportava mais as ameaças, o medo, a vergonha, a culpa. Eu me sentia uma pessoa horrível e queria que isso acabasse. Então, minha irmã fez uma nova ameaça em voz alta e eu, desesperada e chorando, respondi:

— Conta. Pode contar. Conta logo.

[1] A escola e o professor são importantes aliados na proteção, por meio da observação de possíveis sinais de que uma criança e/ou adolescente possa estar sendo vítima de diversas violências.

E para minha surpresa, dessa vez, minha mãe ouviu e gritou:

— Contar o quê?

De novo, quase morri de medo dentro daquele banheiro, meu coração disparou, silenciei e depois não consegui segurar o choro. Minha mãe bateu à porta, pediu para abrir e queria saber. E no ato de desespero, medo, chorando e achando que meu mundo ia desabar mais ainda, abri a porta e falei para minha mãe:

— Vou contar para a senhora, porque não aguento mais isso.

Ao descrever essa situação aqui, veio um lapso na memória da imagem da minha mãe na porta do banheiro me olhando firme. Aquele momento foi assustador e, ao mesmo tempo, foi uma luz no fim do túnel. Havia chegado a hora de encarar a verdade.

Depois de muito tempo, senti, naquele momento, uma sensação de alívio, de libertação e estava disposta a encarar a minha mãe e falar sobre o que eu tinha feito de errado.

Acredito que tive a coragem de contar, não por confiança, segurança, por saber que eu tenho apoio, pois minha mãe era muito brava e eu tinha muito medo de apanhar. Penso que foi por desespero, por não estar conseguindo mais suportar aquela situação de ameaças e de uma tristeza que me oprimia. De qualquer forma, do jeito que eu estava vivendo não dava, eu já estava desistindo de lutar. Mesmo minha mãe sendo brava, ela era tudo o que eu tinha, eu a amava e sabia também que, do jeito dela, ela me amava. Então, finalmente consegui me abrir.

Após o relato, minha mãe chorou, ficou irada, fez um monte de perguntas. Não consigo lembrar se houve algum acolhimento, o que ficou na lembrança é que ela mais parecia estar preocupada em ter certeza de que João não tinha feito "nada" comigo, referindo-se à minha virgindade. Eu dizia várias vezes que isso não tinha acontecido, mas não adiantava e ela se posicionou:

— Vou te levar ao médico. Se tiver acontecido alguma coisa com você, vou ter que falar para seu pai.

Eu repetia assustada, sem compreender o que isso significava:

— Não aconteceu nada, mãe. Não aconteceu nada.

Contudo, minha mãe parecia que só ficaria em paz após me levar a consulta.

E assim ocorreu, lembro da sala do médico, de me deitar naquela maca, de tirar minha roupa, dele me examinando. Nossa, que vergonha! Nem sabia que médico podia fazer isso! Será que vai doer? Será que vai me machucar? Eu só queria chorar e sumir.

Mas, enfim, para minha mãe veio o alívio, veio a afirmação médica de que não houve o rompimento do hímen. Eles continuaram a conversar. A partir daquele momento, eu me tornei invisível naquela sala, era como se eu não estivesse mais ali. Se não houve o rompimento do hímen, no entendimento da minha mãe, não tinha acontecido nada, então, já está tudo bem. Ainda não me recordo se ela um dia voltou a conversar comigo sobre esse assunto.

Depois disso, só tenho a lembrança de que a família do João se mudou sem deixar paradeiro. Lembro-me vagamente da informação que minha mãe conversou com o pai dele e provavelmente por medo se mudaram. Tempos depois, as meninas Roberta e Isabelly também se foram. Nessa altura, minha família não conversava mais com a dela e nem nós uma com as outras. Não sei como foi as conversas entre os adultos, da minha mãe com os pais do João e das meninas, mas ela resolveu isso do jeito que ela soube e sozinha, já que em nenhum momento eu percebi qualquer sinal de que meu pai tenha sido informado do que ocorreu.

Muito tempo depois, acredito que passados anos, alguém me contou que o João apareceu no bairro me procurando, queria me encontrar e me ver, o que nunca ocorreu, e essa foi a última notícia que tive dele.

1.8 O silêncio

Depois do fato descoberto, de eu ter passado pelo médico, ninguém em casa tocou mais no assunto, foi como se nada tivesse acontecido mesmo. Parecia que fizeram um pacto de silêncio e as coisas voltaram ao cotidiano normal.

Bom, talvez para elas, tudo estava voltando ao normal. Eu, a essa altura, já não sabia mais o que era sentir alegria. Eu só sobrevivia, pois aquelas lembranças ficaram, me apertavam, me entristeciam e me marcaram para sempre.

E a angústia, o medo, a culpa e a vergonha? Elas estavam ali todos os dias dentro de mim, abafadas para ninguém perceber. A diferença era que eu não sofria mais as ameaças da minha irmã e minha mãe já havia descoberto tudo, mas, infelizmente, a tristeza me acompanhou durante a adolescência e início da juventude.

Penso que, assim como eu, muitas meninas e meninos, adolescentes, homens e mulheres que foram e muitas que ainda são vítimas de violência sexual, não tiveram e não têm o acolhimento necessário. Não tiveram e não têm alguém que olhe, acredite e/ou se importe de verdade com elas. Em vez de denunciar e buscar ajuda para essas pessoas, muitas vezes esconder parece mais adequado, dá menos trabalho e a família não será exposta ou, ainda, é melhor fingir que nada aconteceu, melhor "ninguém saber".

Que ótimo seria se fosse possível apagar de forma instantânea tudo o que aconteceu. Como se fosse simples, como nos casos em que passamos uma borracha para apagar o que fizemos no papel que não ficou legal e pronto, isso não existe mais. Uau! Que fantástico, não é mesmo?! Entretanto, as marcas da violência não se apagam assim. Elas podem ser ressignificadas, as emoções tratadas, a dor curada, podem ter situações em que o agressor foi penalizado e responsabilizado pelo crime, mas o fato em si foi real e nunca mais se apaga.

Agora, sendo uma pessoa adulta e atuando profissionalmente com outras vítimas e famílias, tenho a plena consciência de que o silêncio, seja por não saber como ajudar ou por omissão, é tão cruel quanto à violência sofrida.

Observo que muitas pessoas não possuem esse conhecimento, precisam de alguém para esclarecer, orientar e até apontar caminhos de como mudar essa realidade. Acredito que minha mãezinha foi uma dessas pessoas.

Analisando de forma crítica, hoje compreendo, pois naquele contexto socioeconômico e cultural que minha família vivia naquela época não existia Conselho Tutelar, Sistema de Garantia de Direito, Política Pública eficiente, campanhas de prevenção, internet etc. Sendo assim, penso que fez o melhor que ela poderia fazer naquele momento e careciam do recurso de informação, do conhecimento sobre a temática, da inabilidade para lidar com tal violação.

E se aprofundarmos mais, vamos encontrar, ainda nos tempos atuais, muitas mães, pais e responsáveis que estão espalhados pelo nosso país, invisíveis em diversos locais, onde não chega a informação, onde tem inúmeras vítimas, especialmente crianças e adolescentes que precisam ser descobertas, encontradas por alguém e principalmente pelo Estado, para receber todo o suporte e ter a mínima chance de sair dessa situação de violência sexual, dos efeitos e impactos por ela deixada.

Quero deixar a provocação e a reflexão: *o silêncio gera a omissão e a omissão pode matar. O agir e fazer a minha parte libertam e salvam vidas.*

1.9 As sequelas

Gostaria muito de dizer que estou curada e sem nenhuma sequela. Todavia, a violência sexual deixa marcas profundas na vida das vítimas, as físicas algumas vezes até cicatrizam, são tratadas e curadas, mas as psicológicas, as lembranças, essas parecem ficar na alma.

Na infância, eu tive muita dor na barriga, se eu andava rápido sentia dores, às vezes, a dor parecia andar e descia para o "pé" da barriga. Eu tive dificuldades para comer, algumas vezes sentia ânsia, outras vezes, tinha a sensação de estar cheia e não conseguia me alimentar direito. Então, fui crescendo e me desenvolvendo lentamente, cresci e fui ficando com o aspecto corporal de uma pessoa bem magrinha.

Em relação a essa condição de saúde, lembro da minha mãe falando com um tio para que tentasse arrumar um remédio caseiro. Tio Marcos morava numa chácara no município de São Gabriel do Oeste, no interior do Mato Grosso do Sul. Poxa! Como eu gostava desse tio, sentia todo o carinho e cuidado dele comigo. Quando vinha para Campo Grande, sempre nos levava para uma padaria e dizia que podíamos escolher o que quiséssemos e isso era bom demais.

Não sei o que meu tio trouxe para minha mãe me dar, sei que era para me "curar". Lembro que era algo que eu não podia saber para o remédio não perder o efeito e, para falar a verdade, até que me ajudou; lembro que tive por um tempo uma melhora significativa. Mito ou não, o carinho, o cuidado e aquele remédio fazem parte de uma boa memória.

Mas as sequelas foram mais além das dores na barriga, da dificuldade para alimentação e da tristeza profunda. Foram inúmeras as ocasiões em que minha mãe me dizia, outras vezes gritava:

— Vanuza, você parece uma lesma!

Isso porque eu travava muitas vezes na hora de dar resposta ou agir de forma rápida, tinha o raciocínio lento, as atitudes eram mais devagar ainda, tinha medo de quase tudo.

E hoje, olhando para essas situações, percebo que realmente em muitas ocasiões, eu sempre fui muito lenta, sempre tive dificuldades para me expressar, sempre tímida e com vergonha, não me expunha, preferia não falar ou participar das coisas para não correr o risco de errar e ser humilhada de novo. Tinha medo de as pessoas me machucarem. Então, tentava passar pela vida de forma despercebida.

Sempre precisei da permissão da minha mãe. A opinião e a vontade dela eram sagrados. Depois do seu falecimento, isso foi transferido para outras pessoas. Não conseguia ter uma simples atitude por mim mesma. Quanto à tomada de decisão, ah, isso era mais complicado ainda. Indecisão, insegurança, medo, confusão mental, algumas vezes, parecia que eu não era capaz de raciocinar sozinha, em várias ocasiões eu me sentia paralisada, especialmente quando eu mais precisava agir. E olha que vencer a procrastinação que foi ficando enraizada ainda é um dos meus maiores desafios, um exercício, quase que diário, pois, se eu não estiver vigilante, lá estou eu paralisada no tempo, sem conseguir reagir, deixando coisas importantes para depois.

Não posso deixar de registrar a solidão, o vazio, a tristeza profunda, nada e ninguém preenchia aquele abismo, *tive a alegria e a minha infância roubada.*

Naquela época, eu não sabia que existia acompanhamento médico psiquiátrico ou psicológico, talvez nem minha mãe. Isso parecia algo muito distante de nós, como criança e sem informação ou orientação, eu passei pela minha meninice sem a mínima possibilidade de amenizar as sequelas ou ainda obter algum tipo de ajuda profissional.

1.10 A importância da rede de apoio

Um dia, voltando da escola, encontrei uma menina que estudava comigo, morava próximo a minha casa, tínhamos a mesma idade. Ali iniciava uma amizade verdadeira. Com ela, aos poucos, consegui me abrir, contar o ocorrido. Ela era muito sábia, desde criança sempre foi muito centrada, me dava bons conselhos e falava de um jeito que me fazia sentir melhor, amenizava a minha dor, falava de um jeito especial que as coisas pareciam ficar mais leves e me trazia a esperança de que tudo isso um dia ia passar.

Essa amizade perdura até hoje. Passou por minha infância, esteve comigo na adolescência, permanece na vida adulta. É uma das minhas comadres, sou madrinha de uma das suas filhas. Aproveito para agradecer a essa pessoa que foi fundamental na minha vida. Ela foi, naquela época, minha principal rede de apoio.

Sobre minha amiga de infância (rede de apoio), ela se chama Karina Anunciação Romero, a quem expresso toda a minha gratidão, com sentimento de orgulho ao falar dela, não só da pessoa que ela foi, mas de quem se tornou, sem perder sua essência, seu equilíbrio. A sua sabedoria a levou a ser uma pessoa ainda melhor. Gosto de dizer que é assim mesmo que acontece, quando Deus constrói um laço de amizade, o amor jamais se acaba.

Muitas pessoas podem estar precisando de você, querido leitor, tu podes ser essa rede de apoio ou a pessoa que vai apontar o caminho, acolhendo, ouvindo, validando, orientando e conduzindo-a na busca por ajuda e tratamento. A partir de agora, quando souber de alguma pessoa, seja uma criança, um adolescente ou um adulto que possa estar sendo vítima de violência sexual, não duvide, mas, de alguma forma, ajude e, se puder, proteja.

Caso tenha conhecimento de alguma situação de violência, saiba que podes ajudar, tens que agir imediatamente ou, se sentir impossibilitado, inseguro, faça uma denúncia anônima. É um dos meios que pode ser utilizado para que a ajuda chegue até essa pessoa e, assim, a violência possa ser cessada e a vítima tratada e protegida.

Acredite, falo sem querer fazer demagogia, você pode salvar uma pessoa, salvar a vida, a infância, a adolescência de alguém. Se você tem medo de se expor, denuncie de forma anônima, utilize o Disque Direitos Humanos. Hoje, temos no Brasil o famoso Disque 100. E trabalhando na área do Sistema de Garantia de Direitos, na rede de atendimento, posso afirmar que dá certo, acompanhei e atendi muitos casos que chegaram por meio do Disque 100. ***Faça a sua parte, faça a denúncia***. Talvez essa seja a única possibilidade de ajuda que possas ofertar sem se envolver ou comprometer-se diretamente, mas faça e dê uma chance para essa pessoa. Por meio da denúncia, ela vai ser alcançada e, de alguma forma, será atendida pelos serviços e órgãos de proteção.

Aqui, quero ressaltar que todos nós temos um papel importante. Faço um convite especial para refletirmos sobre nosso ofício familiar, profissional, vocacional, enquanto comunidade, sociedade. Temos um olhar acolhedor para com as pessoas à nossa volta? Somos capazes de identificar e ajudar pessoas que possam estar necessitando de apoio, de escuta e de acolhimento?

Várias pessoas podem estar sendo vítimas de violência ao nosso redor e muitas vezes nem imaginamos. Por isso chamo a atenção e deixo aqui este alerta para a necessidade da escuta e observação. Olhe atentamente para as pessoas ao seu redor.

Capítulo 2

Segundo episódio de *violência sexual*

2.1 Assédio sexual e a forma velada da sedução

No início da minha adolescência, com as sequelas da primeira violência sexual somadas a outras violações, me tornei uma adolescente quase sem esperança, triste e sem paz.

Tudo começou a melhorar quando um amigo da escola me fez um convite:

— Vamos à igreja domingo à tarde? Lá você vai sentir a verdadeira paz em seu coração.

Uau, nossa! Era tudo o que eu mais queria na vida, sentir a verdadeira paz em meu coração. Com esse convite especial, eu tive o meu primeiro encontro espiritual e comecei a minha jornada como cristã católica, na época por meio da Renovação Carismática Católica (Grupo de oração Reunidos com Cristo) e depois entrei para a Sociedade de São Vicente de Paulo[2], mais conhecida como Vicentinos (Conferência São Dimas), grupos que se reuniam na Comunidade da Capela Nossa Senhora Auxiliadora, Vila Imperial, em Campo Grande/MS.

---

[2] A Sociedade de São Vicente de Paulo (SSVP) é uma organização civil de leigos, homens e mulheres, dedicada ao trabalho cristão de Caridade. Foi criada em 23 de abril de 1833, em Paris, na França, com o objetivo de aliviar o sofrimento das pessoas vulneráveis e fortalecer a fé de seus membros. Atualmente, está presente em 150 países (A sociedade..., [202-]).

Sob os direcionamentos religiosos, segui minha vida, servindo a Deus, trabalhando e estudando. Aos poucos, fui me distanciando dos demais "prazeres do mundo". Foi no ambiente de trabalho que conheci uma pessoa que faria eu esquecer por muito tempo o ocorrido na infância.

Esse homem, que vou chamar de Márcio, era meu chefe imediato. Ele, assim como os demais colegas homens, ficava incomodado por eu ser uma jovem que frequentava a Igreja. Até que em um dia me perguntaram se eu já havia ido a um motel e eu, de forma espontânea e natural, acreditando estar segura e entre amigos, respondi que não.

Eles ficaram aparentemente chocados, inconformados.

— Como assim? Não acredito!

Me recordo das suas expressões, uns soltavam risadas, outros faziam caricaturas, como se não estivessem acreditando, e a frase final que ouvi foi:

— Você precisa conhecer. *Martinha, você precisa conhecer.*

Naquela ocasião, esse papo para mim acabou em brincadeira. Isso não era importante e nem estava nos planos para aquele momento da minha vida. Foi a partir dessa conversa que o meu chefe começou a se aproximar cada vez mais. Era sempre muito gentil, puxava conversas de assuntos diversos, indagava sobre detalhes da minha vida familiar, social, sobre namorados etc.

Márcio era uma pessoa consideravelmente com mais idade que eu, casado e com filhos. Um dia pela manhã, no trabalho, na presença de outros funcionários, ele me disse:

— Martinha, entra no carro, vamos tomar um café.

Às vezes, ele chamava meus colegas para tomar café ou ir comprar algo com ele, iam e logo voltavam. Nesse dia, eu quem foi.

Percebi que ele não parava o carro e cada vez mais se distanciava do nosso local de trabalho. Quando eu o indagava para onde estávamos indo, ele respondia:

— Já estamos chegando. *Você* não confia em mim?

E fomos cada vez mais longe e longe. Para minha surpresa, quando diminuiu a velocidade, entrou num motel. Quando identifiquei onde estávamos, eu disse:

— *Não, não. Vamos embora. Vamos embora!*

E ele voltava a perguntar:

— *Martinha, você não confia em mim*? Só quero que você conheça um motel. E tudo foi muito rápido, sem ter como sair, sem saber como reagir, fiquei novamente paralisada, não acreditando, surpresa. Fiquei muito assustada, mas ele dizia:

— Calma. *Fica tranquila, não vai acontecer nada.*

Entramos. Ele mostrou o ambiente no qual tinha uma mesa com cadeiras e ele falava:

— Olha, já vim muitas vezes fazer reuniões de trabalho aqui na hora do almoço. É mais tranquilo e não tem interferência.

Ligou a TV naqueles filmes pornográficos e eu me assustei ainda mais. Na verdade, fiquei apavorada e pedi que desligasse. Ufa, não demorou e ele logo desligou. Passou algum tempo conversando, assuntos variados, sempre muito gentil, parecia estar preocupado comigo, como eu estava me sentindo, pediu para eu escolher algo no cardápio para comermos.

Aos poucos, ele foi tirando a roupa, ficando seminu. *Aos poucos, foi se aproximando e me envolvendo* com palavras e *toques, no ombro, braços, pernas* e *dizendo que não ia acontecer nada.* Em algum momento, já envolvida com sua conversa, carinho, lá estávamos nos beijando. *Aos poucos, foi tirando parte da minha roupa, me envolvia cada vez mais* com suas palavras doces e carinhosas e ficamos assim, nas trocas de carinho, conversas por um tempo, apenas isso.

Apesar do meu envolvimento naquela sedução, senti que eu me perdi naquele instante. Por alguns momentos, eu tive uma sensação boa, sentimento de que estava sendo cuidada e amada, e, por outro lado, minha cabeça já atingiu o racional. Eu me questionava:

— Como assim? O que estou fazendo de novo? Ele é casado e o que estamos fazendo é pecado e muito errado.

Então, eu pedi para irmos. Dessa vez, ele aceitou, me abraçou com carinho, perguntou se eu estava bem e disse:

— Viu, não falei para você que não ia acontecer nada. Você ainda é virgem e vai sempre lembrar de mim como o homem que te respeitou.

A essa altura, eu já não me reconhecia, a culpa e a vergonha já haviam invadido o meu ser novamente. Fiquei mergulhada em profunda tristeza novamente, agora refém de um pecado que, na minha análise, era vergonhoso, inadmissível e que eu não poderia contar para ninguém, mesmo porque todo mundo iria me julgar. Quando a patroa soubesse, eu perderia meu emprego e a culpa era toda minha.

E os dias se passaram e ele *começou a me assediar cada vez mais*, fazendo constantes convites para sair mais uma vez, dizia que não esquecia o que houve e me perguntava se eu não havia gostado de ficar com ele.

Meu Deus, o que estava acontecendo comigo, pois diferentemente do que aconteceu com o João, eu dessa vez gostei do carinho, da atenção, da gentileza e sentia desejo por esse homem.

2.2 Assédio moral

Os dias foram passando e percebi que, quando ele chegava perto de mim, eu ficava desconcertada. O desejo era ascendido de forma instantânea e a mente de igual forma tentava acionar o meu racional, a consciência. Em outros momentos, *diante dos meus colegas e dos donos da empresa, eu era tratada por ele com certa indiferença* e, algumas vezes, passei por ocasiões de injustiça, de descontos indevidos em minha folha de pagamento. Foram dias de luta intensa no campo físico e das emoções. Percebi que eu estava em risco e tinha grande possibilidade de não conseguir manter o controle daquela situação.

2.3 O desfecho

A situação no ambiente de trabalho ficou insustentável e eu tinha muito medo de não resistir nos momentos em que ele se aproximava e me tratava de forma tão gentil e que me faziam recordar dos momentos que estivemos mais próximos. Era uma mistura de sentimentos e uma grande confusão na minha cabeça e no coração. Então, sem avisá-lo e nem comunicar aos meus colegas, procurei os donos do estabelecimento e pedi demissão. Eles foram muito resistentes em aceitar, pois gostavam da minha pessoa e do meu trabalho, mas eu consegui me manter na decisão e demorei muito tempo para voltar a passar próxima àquele lugar.

Todavia, por meio de conhecidos em comum, Marcio *conseguiu me localizar em dois locais de trabalhos posteriores* e suas aparições repentinas me desestruturaram. Sempre carinhoso, *fazia apelos incisivos* para nos encontrarmos a sós de novo, dizia que sentia muita saudade, não conseguia me esquecer. Por vezes, seus olhos lacrimejavam, o que me fazia acreditar que ele realmente pudesse estar sentindo a mesma coisa que eu, mas, ainda assim, eu consegui me manter firme na decisão de não permitir novo contato físico com ele.

Depois da sua última aparição, véspera de seu aniversário, fez um novo pedido para sairmos, insistiu muito, chegou a dizer que era para eu fazer isso como presente de aniversário. Mais uma vez, consegui me manter firme, mas a recusa me levou ao sofrimento prolongado, pois se tratava de um sentimento novo, talvez uma paixão, algo forte e ao mesmo tempo assustador, vergonhoso e destrutivo, ainda mais tendo a certeza de que seu casamento era para todos uma sólida e estável união.

2.4 E lá estavam elas novamente: as sequelas, a vida paralisada e a culpa

Novamente, fiquei paralisada no tempo, não vivia, sobrevivia. Não conseguia esquecer aquele homem e o que aconteceu. Tudo foi ficando sem graça, fui novamente perdendo a alegria, o ânimo para qualquer coisa. As dores no estômago aumentavam, a gastrite foi diagnosticada, a falta de apetite e o emagrecimento eram constantes.

Me afastei da Igreja, pois não conseguia lidar com aquele sentimento compatível com uma paixão e concomitante com a culpa, a vergonha e o pecado. Me sentia indigna de ir para a Igreja e ao mesmo tempo não permitia sentir o perdão divino. Foi um longo processo até o meu retorno a essa caminhada e à experiência de reconciliação comigo e com Deus.

Lembro que, nesse período, tentei algumas vezes buscar o perdão de Deus por meio do sacramento da confissão, uma prática importante para os católicos. Por duas vezes, procurei o mesmo sacerdote e as tentativas restaram-se frustradas, pois não consegui verbalizar, dizer o "pecado". Logo, não recebi a "absolvição" e internamente isso só me deixava ainda pior.

Em alguns momentos, eu tinha saudade dos tempos de Igreja. Eu sentia um desejo ardente de buscar Deus, de estar na presença de Jesus. Quando isso acontecia, eu procurava ir à missa. Até que, em um domingo, me deparei com um novo padre celebrando, recém-chegado à comunidade. Ele parecia ser muito bacana e algo nele me cativou. Então, tentei novamente buscar a reconciliação com Deus no sacramento da confissão. Dessa vez, com esse novo sacerdote, foi mágico, fui muito acolhida, ouvida e espiritualmente direcionada a me reconciliar comigo e com Deus, senti um afago e alívio em meio àquele sofrimento guardado e que estava me destruindo.

A Igreja Católica era naquela época o único recurso que eu conhecia para buscar ajuda, foi a minha grande rede de apoio e sou muito grata por isso. Agradeço por cada momento, por cada pessoa, pelos grupos por onde passei. Eles não só me ajudaram e caminharam comigo, mas trouxeram alegria e esperança à minha vida, mesmo sem imaginarem o que eu guardava.

Talvez, muitas pessoas se encontrem da mesma forma que eu naquele momento e que bom que temos esse recurso. Contudo, ele é limitado ao seu propósito espiritual. Hoje, precisamos falar para as pessoas que se pode recorrer a outros instrumentos para o tratamento e cura da saúde emocional, com ferramentas de abordagem para os desbloqueios das prisões da mente que vão além da área espiritual, que são eficazmente utilizadas por diversos profissionais e que nos trazem de volta a uma vida livre e plena, apesar das marcas que possam ficar.

Hoje, consigo compreender que, além da violência sofrida, eu carregava um fardo muito pesado, me arrastava, trazia comigo a culpa cristã[3]. A minha ignorância (falta de conhecimento, esclarecimento) me aprisionava em uma crença limitante muito forte e que na época não me permitia enxergar o amor e a misericórdia de Deus, apenas a culpa de ter cometido esse pecado.

Penso que, ainda nos dias atuais, muitas pessoas são constantemente formadas nas religiões de formas equivocadas, em vez da beleza da graça, do amor e da liberdade, uma vez que, no meio cristão, prega-se a certeza de que Cristo já nos libertou, são disseminadas inúmeras crenças limitantes que mais aprisionam do que libertam.

Foi um longo processo dentro da psicoterapia até a tomada de consciência de que eu era uma vítima e não a violadora. Aí sim, quando eu tive esse despertar, foi um momento libertador e significativo, que fez diferença em minha vida, um dos exemplos é eu estar aqui fazendo essa partilha.

2.5 O silêncio

Depois da minha saída daquele ambiente de trabalho, lutei para não desistir da vida. Encontrei forças sobrenaturais que me levaram a sair em busca de outros empregos, que, naquela ocasião, eram uma

[3] A culpa cristã é o sentimento de estar em pecado e em contrariedade a Deus, conforme os ensinamentos religiosos recebidos, podendo levar a um estado equivocado da realidade. No caso de uma violência sexual, a culpa é tão grande que pode levar a vítima a uma imagem distorcida de si e dos fatos, sendo fundamental o recurso da acolhida dos grupos religiosos para o correto direcionamento ao alinhamento do propósito espiritual de um cristão.

questão de sobrevivência e a única coisa que eu podia fazer por mim, pois tinha a sensação de que não me restava mais nada. Eu havia me decretado a pena de ficar numa prisão mental, indigna, sozinha e sem direito a qualquer defesa.

No coração, o silêncio, o vazio, a dor, o amor e o segredo. Na mente, a culpa, o pecado, a confusão. A visão estava turva e a audição não encontrava nenhuma voz de acolhimento.

Apesar de ser visível o sofrimento, em minha casa, parecia que ninguém percebia nada, nem uma palavra ou pergunta. Novamente, eu estava ali, tinha retornado a um lugar já conhecido, era eu e a solidão, mesmo convivendo com minha família. A falta de diálogo, de atenção familiar, só aumentava o sentimento de menos valia, de insignificância.

E mais uma vez, convido você, leitor, a refletir sobre a importância da observação de sinais, da escuta e do acolhimento aos nossos familiares em nossa casa, as pessoas amigas e aos demais à nossa volta.

Quando a pessoa fica muito tempo em silêncio, isolada e distante da sua rede de apoio (seja familiar ou em outros arranjos), com mudança em seu humor e aparentemente com evidências de tristeza, é hora de agir, de se aproximar, de oferecer apoio, seja para qual for a situação que a pessoa possa estar passando, mesmo que você não saiba ou descubra o motivo. Olhe, *escute*, observe, esteja presente e não ausente, tente não julgar, faça alguma coisa. E se tratando de violência sexual, ninguém consegue superar sozinho essa violação, isso é comprovado em muitas pesquisas, estudos e eu pude constatar por meio da experiência vivenciada na pele.

O que eu passei dessa vez ficou ali trancado naquela cela por muitos anos em algum lugar na minha mente. Somente em um passado recente, eu fui liberta dessa prisão e das sequelas desse episódio de violência sexual, por meio do assédio moral e sexual, que durante muito tempo esteve *disfarçado* de uma *falsa gentileza* e de uma violação perpetrada por meio de um suposto respeito:

— *Você vai lembrar de mim como o homem que te respeitou.*

Capítulo 3

Terceiro episódio de violência sexual

3.1 A tentativa de estupro

Nessa ocasião, eu era jovem, mais leve e descomprometida, tudo estava aparentemente em paz na minha vida. Foi quando eu recebi um convite de um belo rapaz para ir até a sua casa, onde ele morava com os avós.

Conheci esse rapaz, o qual chamarei aqui de Caio, nos momentos que ele levava os seus avós ao médico e deixava o carro no estacionamento do local onde eu trabalhava. Que rapaz bonito, simpático, alegre, tão cuidadoso e amoroso com os avós. Por diversas vezes, ficávamos conversando horas, quando ele vinha ao estacionamento.

Em uma sexta-feira, ele me fez o convite:

— Vamos domingo à tarde em minha casa? Eu te busco no terminal de ônibus que for mais próximo para você.

A princípio, não achei nada demais, afinal, ele morava com seus avós e eu já os conhecia.

Chegado o dia, percebi, no caminho de sua casa, que ele estava cheirando à bebida alcóolica e mascava chiclete para disfarçar. Mas até aí tudo bem, ainda éramos apenas amigos e ele estava alegre e comunicativo como sempre.

Ao adentrar pelo portão da residência, me deparei com uma linda e grande casa, porém ela estava aparentemente fechada. Ele me chamou para ir aos fundos, onde tinha outro imóvel, na estrutura de uma edícula. Era outra residência confortável, contudo, já na entrada, passamos por um cômodo cheio de ferramentas e utensílios cortantes e perfurantes.

Naquele instante, pensei:

—Meu Deus! Onde vim parar?!

Ao passarmos por aquela primeira divisão, havia uma sala vazia com apenas uma tábua de passar roupa, com um ferro elétrico. Enfim, chegamos ao seu quarto, havia uma TV em cima de uma cômoda, um banheiro e sua cama de casal.

Já que não estávamos na mesma casa que seus avós, achei que iríamos bater aquele papo, talvez namorar um pouquinho, mas o inverso aconteceu. Logo na entrada do quarto, *ele praticamente me agarrou*, me jogou na cama e *tentou* de todas as formas *me despir*. Posso dizer que ele me segurava e tentava *me dominar a força* e foi tudo muito rápido. Eu só clamava a Deus para me ajudar mais uma vez:

— Não deixa acontecer nada comigo!

Às vezes, conseguia me levantar e, sem compreender a mudança brusca de comportamento, tentava encontrar aquele rapaz gentil e comunicativo, mas o que via era um homem descontrolado, com suas *investidas contra meu corpo*, na tentativa de me despir.

Ele simplesmente *ignorava meu apelo*, o meu comando para parar. Lembro do seu sorrisinho sarcástico, não me dizia nada, só tentava me controlar fisicamente e tirar minha roupa. Foi inacreditável, pensava:

— Como isso é possível?

Se há uma hora eu estava com o Caio, aquele lindo garoto, tão sereno e carinhoso e de repente eu via outra pessoa na minha frente. Alguém que eu desconhecia.

Algo inexplicável aconteceu. Por incrível que pareça, nesse dia eu vestia uma calça jeans que estava muito apertada, a tal ponto que ele não conseguiu tirar de forma nenhuma. Depois de várias, muitas tentativas, ele desistiu e, só depois da desistência, começou a puxar conversa, a rir, *tentava disfarçar a frustração e o que ele tinha acabado de tentar fazer.*

Sem acreditar e agradecida a Deus, fiquei mais tranquila, senti como se Deus tivesse ouvido o meu clamor e, a partir daquele momento, eu estava protegida. Tentei ficar o mais normal possível para conseguir sair dali sem outro rompante de mudança comportamental de Caio. Então, entrei na onda, dei corda para conversa e, aos poucos, pedi que ele me levasse de volta e assim o fez. Me levou até o ponto de ônibus, ficou comigo até o transporte chegar. Naquele momento, entre nós já havia um abismo e um silêncio desconcertante. Depois, *se despediu com um beijo, como se aparentemente nada tivesse acontecido.*

E no caminho de volta para casa, uma mistura de sentimento. Ainda impactada e sem acreditar, não conseguia ter uma clareza do ocorrido, a única certeza era de que eu estava agradecida a Deus pelo livramento. Mesmo já passados anos, eu ainda não consigo acreditar que isso aconteceu. Foi muita sorte e inexplicável.

Sobre esse fato, eu não tive coragem de contar para ninguém, não quis nem ficar lembrando, só queria deixar passar, para mim, como "nada tinha acontecido", tudo ia ficar bem e assim guardei isso no secreto das lembranças, até escrever aqui.

3.2 O desfecho

Depois disso, Caio ainda voltou algumas vezes ao estacionamento, como de costume, na rotina de levar os avós ao médico. Tentávamos conversar como antes, mas algo havia mudado, quebrado, e parecia que éramos dois estranhos.

Após algum tempo, deixou de ir ao estacionamento e, anos depois, cheguei a encontrá-lo num ônibus, ocasião em que me informou do falecimento dos seus avós. Disse que retornou para sua cidade e estava morando com sua mãe. Naquele dia, estava só de passagem por Campo Grande. Depois, nunca mais o vi.

3.3 As sequelas

Naquela ocasião, eu aparentemente não tive sequelas, pelo contrário, sentia muita gratidão a Deus pelo livramento de um estupro. Não fiquei com raiva do rapaz, mas percebi o quanto eu ainda era ingênua e precisava amadurecer para não me colocar mais em situação de risco. Inconscientemente, eu me dizia que a culpa foi minha por ter ido e que agora estava tudo bem.

Hoje, compreendo que mais uma vez a culpa estava lá, disfarçada, escondida e permanecia dentro de mim. Talvez, esse fosse o real motivo de ter guardado em segredo. É isso que acontece conosco que já fomos vítimas da violência sexual. Na maioria das vezes, o sentimento é de que a culpa sempre é nossa.

Para mim, naquele momento, ele não teve culpa, eu que aceitei ir. Não tinha consciência, informação e nem conhecimento sobre o que caracterizava uma violência sexual, um estupro. Na verdade, isso nem passava pela minha cabeça, era algo desconhecido e eu estava longe dos ensinamentos acadêmicos e/ou profissionais. Eu já havia concluído o ensino médio, mas, na ocasião, apenas trabalhava e ia à igreja. Meu campo de relações e de informações era muito restrito e limitado.

3.4 A descoberta da verdade

Passados anos, já casada e com filhas, estava trabalhando, atuando como conselheira tutelar. Tinha muito compromisso com a função, queria aprender mais, então buscava cursos e oficinas para me capacitar melhor e atender às pessoas com qualidade e conhecimento técnico. Fiquei sabendo de um curso que o Governo do Estado estava oferecendo para profissionais que tinham o interesse em trabalhar com mulheres vítimas de violência e pensei:

— Que bacana. Tenho atendido muitas crianças e adolescentes que, junto às suas mães, são vítimas de violência doméstica.

Então, fiz a inscrição e fui para o curso com esse objetivo.

Já no primeiro dia, fomos informados que tratava-se de um Programa chamado Programa de Empoderamento a Vítimas de Abusos (PRO-EVA). Esse curso abordou todas as formas de violências e foi, nesse momento, que descobri, que veio a tomada de consciência que ali eu não era apenas uma aluna, uma profissional em busca de conhecimento teórico, mas eu era mais uma de muitas mulheres que foram vítimas de abusos emocionais e físicos.

Só a partir do PRO-EVA que minha "ficha caiu" e percebi que as vivências citadas anteriormente foram formas diferentes de violência sexual. Na infância, hoje caracteriza o estupro de vulnerável. Na juventude, o ocorrido com o meu chefe foi um abuso por meio da sedução, do assédio moral e sexual. Já o do rapaz do estacionamento foi, sem dúvida, uma tentativa de estupro.

É impressionante como esse processo de se reconhecer como vítima pode levar anos, de perceber que algumas situações são formas de violência disfarçadas entre diversas faces. Umas são veladas, outras não, mas ainda sim esse processo da tomada de consciência pode levar muito tempo.

Em forma de gratidão, quero dar um destaque especial aqui neste espaço para esse programa que mudou o rumo da minha vida, que me possibilitou o autoconhecimento, o acolhimento e as preciosas informações que eu necessitava para a tomada de decisão e dar passos em direção à minha libertação, cura, tratamento, superação, fortalecimento, ressignificação e, claro, sem dúvidas nenhuma, também atendeu a minha primeira expectativa e pude informar e orientar melhor as famílias que eu atendida em meu trabalho.

3.5 Conheça o PRO-EVA

O PRO-EVA foi fundado pela psicóloga Giseli Oliveira. Ele é um programa de empoderamento a vítimas de abusos físicos, psicológicos e principalmente sexuais. Nasceu a partir da necessidade de ajudar vítimas que há tanto tempo vêm sofrendo as sequelas de abusos a recomporem suas vidas, principalmente em aspectos emocionais. Também tem o objetivo de quebrar os preconceitos sobre o assunto, expondo os fatos com clareza e oferecendo tratamento, a fim de que cada vez mais pessoas tenham coragem de denunciar os abusos, buscarem ajuda e auxiliarem outras vítimas, famílias e comunidades a romperem com o ciclo do abuso por falta de informações e apoio.

Esse projeto visa incentivar a conversa franca e aberta sobre o assunto e pôr fim ao silêncio que protege os autores desse crime — normalmente praticado na intimidade doméstica e no âmbito da própria família —, criando um clima propício para que as vítimas não se sintam culpadas e nem desacreditadas, mas fortalecidas, e possam reaprender o caminho da liberdade e do amor. O programa é primeiramente para mulheres que tenham passado por alguma situação de violência, principalmente sexual, as quais não conseguem superar, e futuramente poderá abranger crianças e adolescentes.

Nas primeiras reuniões, as participantes tomam ciência do programa e são esclarecidas sobre questões legais que envolvem a violência e abusos. Nas reuniões seguintes, as participantes são incentivadas a falar sobre os abusos que sofreram e são confrontadas com suas dores, recebendo escuta qualificada e acolhedora.

Na fase intermediária, as participantes são conduzidas à compreensão dos diversos tipos de sentimentos que acompanham as vítimas (medo, ódio, culpa, vergonha...) e à sensação de impotência diante de sua fragilidade; são orientadas a abandonar o sentimento de culpa, utilizando-se das ferramentas de restauração que abrangem o relato, o perdão, a decisão de ser livre, novas escolhas, confiança, coragem e amor.

Nas reuniões finais, as profissionais facilitadoras fomentam a autoestima, o reconhecimento e o aproveitamento do potencial de cada uma das participantes, maximizando suas qualidades e despertando a vontade de retomar as rédeas de sua vida em busca da felicidade.

E assim, a partir desse momento em minha vida, eu dei o primeiro passo para acolher a minha história, para me olhar e me reencontrar.

Gosto de dizer que o PROV-EVA me encontrou e me "salvou", assim como desejo que este livro encontre as pessoas que precisam dessas informações para dar início à mudança de uma nova realidade em sua vida.

Para os que se interessarem pelo PRO-EVA ou por serem atendidos pela Giseli, poderão contactá-la por suas redes sociais: @giselioliveirapsi.

Capítulo 4

O tratamento *terapêutico*

Diante da descoberta que eu havia sido vítima de violência sexual e de tudo que veio à tona em mim, eu senti e percebi a necessidade urgente de buscar ajuda profissional. Tive a consciência de que sozinha eu não iria conseguir me libertar dessas dores e desses segredos.

Diante daquele vazio, da tristeza escondida e daquela sensação de insegurança que eu carregava todos esses anos, tomei a decisão de encarar meus medos e fazer algo por mim. Decidi marcar atendimento psicológico e assim iniciei meu processo de tratamento por meio da psicoterapia.

O processo terapêutico não foi fácil e não é. Sentimos a dor latejar, passamos pela fase da resistência, da autossabotagem e de muitas fugas até chegar ao acolhimento, à abertura da ferida, à reconciliação e à entrega, ao autoconhecimento e, mais uma vez, à parte principal a "decisão", o ato libertador de se permitir e de querer ser tratada e curada.

Falo isso por experiência, pois algumas vezes buscamos ajuda por meio da terapia, mas nem sempre queremos ou conseguimos nos deixar ser realmente curados.

Por vezes, fazendo uma analogia, quando a ferida ia criando uma casca, quando me sentia melhor e mais forte, eu abandonava o tratamento e, lá na frente, meses ou anos depois, estava eu de novo, ansiando por socorro.

Em nossas vidas, acontecem várias situações que ativam em nós um gatilho, acendem o sinal de alerta dentro da gente. A dor aperta, vem a angústia ou nos deixa travados, internamente as coisas ficam em completa desordem, então é hora de buscar ajuda de novo e de novo.

Atualmente, trabalho com vários psicólogos dentro da Política de Assistência Social e, certa vez, ouvi uma fala de uma colega, a psicóloga Meire Bifon, que disse: "Primeiro, a gente coloca o soro, vai fazendo o acolhimento, a escuta e, só depois, lá pelo terceiro mês, a gente abre a ferida para iniciar o tratamento".

Essa frase foi perfeita, me reconheci na hora como paciente, foi passando um filme em minha cabeça dos momentos dentro do meu processo terapêutico. E continuando a analogia, vejo que é assim mesmo, como nos atendimentos médicos, muitas vezes, precisamos do soro e do medicamento intravenoso, enquanto aguardamos o tratamento adequado para a nossa cura. Nas complexidades em nossas vidas, assim como no atendimento médico, muitas vezes vamos precisar do acompanhamento terapêutico, não só uma vez ou em uma área, mas quantas vezes forem necessárias.

Aproveito para expressar aqui todo *meu agradecimento aos psicólogos e terapeutas, na pessoa da profissional que me atende (a "minha" psicóloga)*, que, em um desdobrar de amor e de forma incansável, estão clinicando a serviço da vida e proporcionando a seus pacientes/clientes o caminho para encontrar as chaves que abrem as diversas prisões emocionais/mentais.

Quero ainda falar diretamente aos leitores que porventura possam estar se sentindo dentro de uma prisão e, de forma muito especial, às pessoas que foram ou são vítimas de violência sexual; busquem essa ajuda profissional. Para quem não dispõe de convênios ou de recursos financeiros para custear os atendimentos, pode recorrer às Unidades Básicas de Saúde, às Universidades, às Organizações não governamentais ou aos Centro de Atendimento Psicossocial (CAPS), mas não deixem de procurar ajuda.

Termino este tópico pontuando que, em terapia, na forma de psicoterapia individual, encontramos um momento só nosso, é só nós e o profissional. Trata-se de um lugar seguro, um espaço de acolhimento, de escuta, de fala e principalmente de encontro, lugar onde eu posso deixar as lágrimas caírem sem julgamentos. É um momento importante de abertura e de descobertas, de luz e de cura, de reprogramação e ressignificação. É, com certeza, um auxílio que necessitamos e merecemos, contudo é preciso tomar a decisão de buscar e querer essa ajuda.

E me baseando na minha experiência pessoal e profissional, aproveito para me direcionar a algumas pessoas que considero serem estratégicas na prevenção, combate e enfrentamento à violência sexual, tais como: os líderes religiosos, os profissionais que compõem a rede de proteção e a rede de atendimento e os pais ou responsáveis.

Capítulo 5

Os líderes *religiosos*

As pessoas procuram em seus líderes religiosos a figura do bom pastor, ao buscá-los para uma orientação, uma confissão, um aconselhamento, esperam também encontrar uma gota do amor divino, do acolhimento, da misericórdia, do auxílio, da justiça e isso independe do tipo de religião.

Nesse viés, vejo o quão importante é o papel de um líder religioso na vida das pessoas. É uma oportunidade ímpar das pessoas vítimas de violência encontrarem o suporte, o auxílio, a orientação; uma luz que aponte para o caminho da ajuda que tanto precisam e/ou, ainda, do início do processo de libertação de uma situação em que outra pessoa ou sua mente as aprisionam.

Podemos dizer que, em décadas passadas — culturalmente e por falta de conhecimento, de preparo e de legislações de proteção, a escuta, o recebimento de um relato de violência, aqui neste momento quero me limitar apenas à violência sexual, contudo a reflexão serve para todos os tipos —, esse atendimento/escuta ficaria apenas no acolhimento e aconselhamento religioso.

Entretanto, nos dias atuais, todos nós temos a obrigação moral, social e legal de ir além do aconselhamento religioso, deve-se orientar a pessoa a buscar ajuda e a denunciar o violador. E nesse ato, nenhum líder religioso fere a ética, mas dá a validação (acredita) na pessoa vítima e lhe proporciona a oportunidade de que a justiça, a "divina e dos homens", seja feita.

Quando os casos de violências sexuais acontecem dentro do âmbito familiar ou dentro da instituição religiosa, torna-se ainda mais importante uma ação evangélica/profética e de forma rápida para afastar o agressor da vítima e fazer cessar a situação de abuso.

Venho observando o grande dilema das pessoas e líderes que, ao serem surpreendidos com o relato/fato de uma violência sexual dentro do âmbito familiar ou institucional, são internamente confrontados a trazer a luz, a verdade para a situação; a agir de forma que a escolha seja a proteção da vítima e não a omissão quando o violador/abusador é um amigo pessoal, um familiar ou até um outro líder religioso e geralmente eles, os agressores, são aquelas pessoas que para nós estariam "acima de qualquer suspeita".

Em sua maioria, os líderes religiosos não detêm o conhecimento de todos os mecanismos legais e teóricos para oferecer esse suporte à vítima. Nesse caso, torna-se fundamental que o líder busque capacitar-se ou que, pelo menos, acesse às informações mínimas necessárias para a orientação, pois, em algum momento, chegarão pessoas vítimas, que recorrerão a seus líderes com o um pedido de ajuda por meio do aconselhamento.

É urgente o rompimento com práticas machista e estrutural de homens e mulheres, de posicionamentos omissos e negligentes dentro das famílias e instituições religiosas, onde, em nome da preservação da família, em primeiro lugar, da preservação da imagem da instituição, de interpretações de algumas passagens bíblicas, que geralmente não possuem relação com o contexto da violência sexual, omite-se um crime, protege-se o violador, desprotege-se e culpabiliza-se a vítima e dissemina a injustiça. A violência sexual pode ocorrer em qualquer lugar e geralmente nos casos em que o violador não for denunciado, ele, mais cedo ou tarde, voltará a fazer outras vítimas.

Alguns líderes religiosos ainda falam em nome de Deus, aconselhando que não se deve mexer no passado, que basta entregar e orar; pedir que Deus o cure e, no caso de você não conseguir deixar esse passado, é porque a pessoa vítima, ainda não é um convertido ou alguém que acredita de verdade que Deus pode curar tudo, inclusive essa dor, e fazer você esquecer a situação. Há outros que aconselham o perdão, perdoar o autor do abuso, e, se esse frequenta a mesma igreja, ainda tem aqueles líderes que tentam fazer uma reconciliação, colocar a vítima de frente ao seu agressor para que ele lhe peça o perdão, para assim resolverem a situação.

O primeiro exemplo do parágrafo anterior eu vivenciei na "pele" e foi muito doloroso. Esperava encontrar o acolhimento por parte de uma pessoa que é uma líder religiosa, embora não fosse da mesma religião. Todavia, ela trazia a representação da Igreja e eu acreditava que encontraria apoio, mas eu saí pior do que quando cheguei para a conversa. Foi mais uma violação, uma opressão. Ouvi e senti na hora que foi mais uma tentativa em vão de buscar ajuda e que, mais uma vez, veio a sensação de que a pessoa vítima não importa, senti que, em vez de deixar o meu grito sair, eu tinha que me calar. Afinal, como disse essa líder: "já faz muito tempo e passado é passado".

No segundo caso, foi noticiado na imprensa em Campo Grande/MS, reportagem de Thatiana Melo (2024) ao *Jornal eletrônico Midiamax*, na qual foi relatado por uma adolescente o abuso sexual (sendo o autor do estupro o padrasto) ao seu pastor, que orientou que o caso era pra ser resolvido entre eles, que era para o agressor pedir perdão que estava tudo bem, o que resultou mais tarde em gravidez precoce aos 14 anos.

Seria incrível se fosse simples assim, como se apenas no ato de orar, como num toque de mágica, toda aquela dor, as machucaduras, as sequelas, as imagens desaparecessem. Que bom seria se todas as pessoas fossem curadas e libertas de forma tão rápida, apenas escondendo ou silenciando.

Particularmente, creio que Deus realmente pode nos curar e, para isso, utiliza-se de vários instrumentos, tais como o da medicina, da psicologia, da informação, de leituras que trazem conhecimento, de pessoas que aparecerem para ajudar, entre outros. São inúmeros mecanismos que se complementam. Podemos recorrer à oração e à entrega como um meio importante para nos auxiliar nesse processo, especificamente para aqueles que compartilham desse entendimento de fé.

Mas quero ir um pouco mais além, trago o questionamento: e as pessoas que não possuem ou pertencem a nenhum grupo religioso? São inúmeras vítimas que sofreram ou sofrem, merecem e desejam ser libertas e curadas das prisões/sequelas da violência sexual tanto quanto aos que possuem uma religião.

Em ambos os casos, vale a importância do acolhimento, da orientação, da validação, do encaminhamento para buscar os recursos legais para que se obtenha a proteção, o tratamento e de alguma forma a justiça.

Em outras ocasiões, no exercício da profissão e de 'missão religiosa', ouvi por diversas vezes líderes religiosos e profissionais alegando que, por não ter acontecido a conjunção carnal, não aconteceu nada, não houve abuso, principalmente tratando de casos nos quais as vítimas são crianças e adolescentes. Foram muitas vezes que ouvi essa colocação e também nos diversos espaços religiosos.

Confesso que, quando isso acontece, eu sou automaticamente ativada em minha história e me posiciono rapidamente, coloco-me na defesa da vítima, no compartilhamento do conhecimento adquirido da teoria e experiência, sinto-me emprestando minha voz e rosto para essas pessoas, seja crianças, adolescentes ou adultas, que querem gritar, falar, e são caladas, silenciadas.

Desacreditar e invalidar o relato de uma criança parece ser mais fácil ainda. Contudo, hoje, no Brasil, temos nessa área uma forte e atuante rede de proteção e a não comunicação de um crime contra criança e adolescente pode ensejar em representação judicial.

Quero finalizar este tópico deixando claro que as reflexões anteriores são de certa forma provocativa, mas no bom sentido e deixo registrado que não podemos generalizar, pois existem líderes religiosos, e conheço muitos, os quais respeito e que são comprometidos com sua missão, na essência do seu chamado e propósito, são luz, auxílio, proporcionam momentos de escuta e acolhimento e são verdadeiros instrumentos no processo de cura de muitas pessoas que sofrem as dores e injustiças dessa violência.

Que você, caro leitor, na figura de um líder religioso, seja um canal para trazer a luz da verdade e da justiça divina e dos homens, conforme o que diz nas escrituras, no capítulo 5, de Mateus, 14-15:

> Vocês são a luz do mundo. Uma cidade construída sobre um monte não pode ficar escondida. 15 Nem se acende uma lâmpada para ser colocado embaixo de um móvel, mas no candeeiro, e assim, ela ilumina todos que estão na casa (Bíblia, Mateus, 14-15).

Capítulo 6

Aos profissionais que compõem a *rede de proteção* e a *rede de atendimento*

Quando tenho a oportunidade de palestrar e falar sobre essa rede, tenho muito orgulho de informar que existe um exército de excelentes profissionais, de defensores dos Direitos Humanos, de uma rede organizada e comprometida no trabalho de prevenção, execução, no enfrentamento e garantia dos direitos às vítimas que buscam por justiça, por um cuidado, por um tratamento especializado e por um olhar profissional humanizado.

Sim, atualmente temos uma grande rede de proteção e de atendimento e que está organizada de forma a prestar todo o atendimento necessário às vítimas de violência sexual, especialmente no âmbito da Justiça, da Segurança Pública, da Saúde, da Educação e da Assistência Social.

Nos casos de violência contra crianças e adolescentes, encontramos um arcabouço de equipamentos bem estruturados e garantidos em lei, como podemos observar no dispositivo do artigo 15, parágrafo único, da Lei n.º 13.431/2017, que diz:

> Parágrafo único. Os programas, serviços ou equipamentos públicos poderão contar com delegacias especializadas, serviços de saúde, perícia médico-legal, serviços socioassistenciais, varas especializadas, Ministério Público e Defensoria Pública, entre outros possíveis de integração, e deverão estabelecer

> parcerias em caso de indisponibilidade de serviços de atendimento (Brasil, 2017, Art. 15).

O desafio é trazer para a população a informação de como acessar essa rede e como elas realmente funcionam em seu município, considerando as diversidades regionais. Nesse sentido, sugiro que faça uma pesquisa em sua localidade, para que, além do setor que atua, verifique para quais outros locais você pode encaminhar a população para buscar os diferentes atendimentos, considerando que eles se complementam em uma perfeita engrenagem.

Durante a prática profissional, observei que muitos agentes públicos desconhecem os diversos equipamentos que compõem essa rede de proteção. Em várias reuniões que já participei, pude verificar que, na prática, cada classe profissional se limita apenas ao conhecimento de suas funções dentro do seu setor, em alguns casos, com o mínimo de conhecimento.

Considero que esse olhar além seja uma das urgências da atualidade, pois estatisticamente o número de denúncias de violência vem crescendo, especialmente para com a população infantojuvenil. Da mesma forma que atualmente se observa uma mudança nas modalidades de praticar a violência, que aparecem cada vez mais com atos brutais e, muitos casos, resultando em morte, principalmente de crianças, como aconteceu em minha cidade, onde, em 2022, uma menina de 11 anos e outra de 2 anos que viraram notícia na imprensa nacional sofreram violência física, sexual e foram mortas.

Para quem deseja uma pesquisa mais ampla, encontramos no portal do Fórum de Segurança Pública as publicações no Atlas da violência e do Anuário Brasileiro de Segurança Pública as estatísticas atualizadas do aumento dos casos de violência sexual.

No momento, resido em uma capital, por isso consigo olhar em volta e visualizar essa atuação em rede. Contudo, não posso deixar de fazer a reflexão e o questionamento, pensando no cenário macro, dentro das diversas realidades nacionais de como funciona essa rede no interior dos estados. Isso vocês, leitores, podem responder, fazendo essa análise dentro do seu território.

Agora, encontramos desafios ainda maiores. É só pesquisarmos para constatarmos que a maioria da população mais "vulnerável" está em locais distantes, insalubres, considerados perigosos, nas aldeias, nas comunidades ribeirinhas, entre outras, as que estão invisíveis, às margens da desassistência do estado, nos lugares aonde quase ninguém chega e não quer ir. É exatamente nesses locais que existem um grande número de vítimas, violadas em seus direitos fundamentais, aprisionadas pela violência e, entre elas, a violência sexual, muitas vezes sem nenhuma perspectiva de assistência e ajuda.

Não há amparo por parte de uma rede de apoio, tão pouco pela tal rede de atendimento, que, no caso, para essas populações, é distante e quase inacessível. E quando tem um equipamento público para o atendimento, é insuficiente de recursos humanos e materiais para atender a demanda.

Como alguém que já foi vítima, desejo que a ajuda chegue a essas pessoas. Seja por um amigo, um familiar, um profissional, alguém que, mesmo sentindo-se limitado ou com medo, tenha a coragem de, pelo menos, denunciar, pegar um telefone e discar 100, assim surge a expectativa e a possibilidade de chegar a tão desejada proteção e atendimento para vítima.

Aproveitando esse capítulo, quero me dirigir aos diversos profissionais que lidam com essa temática, que atendem as vítimas e famílias, ou que se tornam uma referência, um apoio para elas. Não sei qual é o seu ofício, mas saiba que, independentemente dos recursos públicos, da estrutura disponível, as pessoas que foram vítimas contam com você, esperam receber um atendimento acolhedor e, sim, sem demagogia, a sua atuação profissional pode fazer toda a diferença na vida desses indivíduos.

Provavelmente, vocês nem ficarão sabendo dos resultados finais, mas a sua ação bem executada com toda a certeza vai no mínimo amenizar a dor e a sensação de injustiça, vai deixar boas memórias e marcas positivas que colaboraram para o processo de cura, superação e ressignificação.

Compreendo que as dificuldades e os desafios são muitos, aliados ao desgaste e cansaço, mas, ainda assim, continue firme, dê o seu melhor, desejo-lhe forças, pois prestar seu auxílio profissional nesse momento, além de nobre, é valioso para a vítima e vale muito a pena.

Capítulo 7

Aos *pais* ou *responsáveis*

É fundamental termos a consciência plena de que nosso corpo é único e cabe somente a nós permitirmos qualquer ação sobre ele. Isso deve ser orientado e ensinado já na infância, a começar pela família. Ainda nos dias atuais, encontramos pais que não orientam seus filhos, assim como aconteceu comigo, não falam sobre o corpo, sobre relacionamentos e muito menos sobre sexo. Ainda é um grande tabu, uma barreira que precisa ser quebrada e de forma urgente.

O desafio é respeitar a fase de desenvolvimento dos nossos filhos e adequar o diálogo e a informação de acordo com seu nível de compreensão, mas não deixar de instruir e esclarecer eventuais dúvidas que possam surgir.

Já ouvi relatos de pais dizendo que possuem vergonha de falar desses assuntos com os filhos, outros, observa-se que estão tão ocupados com diversos afazeres que não encontram tempo para esse momento, sem falar no empurra-empurra para o outro: "isso é o pai que tem que falar", "isso é com a mãe". As configurações familiares estão mudando e enquanto pais ou responsáveis temos que estar preparados para orientar nossos filhos, seja qual for a sua dúvida ou situação que possa ocorrer.

É fato que, de alguma forma, as crianças e adolescentes terão contato com tais informações, seja no ciclo de amizade, no âmbito escolar, social, em livros, redes sociais ou pela mídia. A questão é que essas informações vindas de fora podem estar distorcidas ou inadequadas para sua idade. É preciso assumir essa responsabilidade primeiro.

O maior interessado em educar e formar os filhos tem que ser os pais, a família ou seus guardiões. Os ensinamentos e aprendizados de fora, mesmo sendo fundamentais para o desenvolvimento das pessoas, devem ser conhecimentos complementares.

Percebo que, na ausência da informação familiar, a escola tem sido um mecanismo fundamental, trazendo o conhecimento como uma ferramenta potente para a compreensão e identificação de possíveis violências, como o debate atual quanto à educação sexual.

É valioso quando a família é detentora de conhecimentos, formações acadêmicas e patrimônios, com certeza facilita proporcionar o mesmo grau de instrução aos filhos. Contudo, mesmo em uma família com poucos recursos financeiros, pode e deve se proporcionar às suas crianças e adolescentes momentos de conversa, diálogos, ensinamentos naquilo que se torna fundamental para o mínimo de proteção. A verdade é que as violações de direitos e o abuso sexual podem acontecer com qualquer um, em qualquer família, a qualquer tempo.

E temos observado o crescimento de casos de violência sexual com crianças em tenra idade e até em bebês. Fatos tristemente constatados nos diversos atendimentos que já realizei ao longo do exercício profissional.

Dessa forma, ninguém está isento da responsabilidade e deixar para depois ou para o outro fazer o que nos cabe, pode ser muito perigoso e pode ter consequências muito prejudiciais na vida dos filhos ou tutelados. É imprescindível encontrar tempo para nossos pequenos e para nossos adolescentes, pensar em estratégias para fazer essa conversa/orientação, não procrastinar, não adiar mais e isso deve ser considerado uma urgência.

O tempo é precioso na vida das pessoas e a ausência do diálogo, de orientação, do olhar, da observação, da escuta e do acolhimento, da presença física de cuidados e atenção na infância podem trazer graves consequências presente e/ou no futuro dos filhos.

Você já conversou com sua criança e/ou adolescente sobre esse assunto? Em caso afirmativo, continue na escuta e observação ativa e em caso negativo, faça isso o mais rápido possível, pois tua ação pode salvar teu filho de uma situação de risco.

Capítulo 8

Para o *leitor*

O artigo 4 da Lei n.º 8069/90, Estatuto da Criança e do Adolescente, diz que:

> Art. 4º É dever da família, da comunidade, da sociedade em geral e do poder público assegurar, com absoluta prioridade, a efetivação dos direitos referentes à vida, à saúde, à alimentação, à educação, ao esporte, ao lazer, à profissionalização, à cultura, à dignidade, ao respeito, à liberdade e à convivência familiar e comunitária (Brasil, 1990).

Quando falamos de proteção à criança e ao adolescente, estamos falando amplamente de uma obrigação pessoal, enquanto comunidade, sociedade e para alguns, ainda, profissional. Uma vez que nós vivemos em uma comunidade/bairro, logo fazemos parte da sociedade, a do nosso município, e somos família de crianças e adolescentes, sejam filhos, irmãos, sobrinhos, primos etc.

Partindo dessa reflexão, ninguém está isento dessa responsabilidade, tão pouco a de deixar para o outro fazer, para o outro denunciar, para o outro atender ou ajudar. Não tem mais como se omitir, estamos completamente envolvidos e somos todos parte dessa grande rede de proteção, somos peças fundamentais e se, porventura, quem deveria proteger não o faz, proteja você com denúncias ou atuando diretamente na situação.

Da mesma forma, se tiver alguma pessoa lendo este livro que esteja sofrendo violência sexual, saiba que você não está mais sozinho e que agora já tem conhecimento de que existem pessoas e serviços que podem te ajudar. Tenha coragem de falar com alguém, seja na escola, com seu líder religioso, com um amigo ou familiar, seja com um profissional ou, ainda, você mesmo pode ligar no Disque 100 e fazer a denúncia, como em alguns casos de pessoas que já atendi. Tenho a certeza de que, assim como eu, você também vai conseguir ressignificar essa história, vai encontrar ajuda e vai viver uma vida incrível e, principalmente, livre das prisões emocionais deixadas por essa violência.

Fiz esse destaque especial aqui sobre a importância de protegermos a infância das nossas crianças, aproveitando do recurso legal do ECA, por ter sido nessa fase que fui vítima a primeira vez da violência sexual, ficando mais vulnerável. A partir de então, vieram uma sequência de outras violações com diferentes formas de abusos físicos e emocionais, além de episódios de negligências. Eu sei o quanto dói e o quanto isso nos aprisiona. É preciso olhar para nossas crianças e adolescentes com o foco e os óculos do cuidado e proteção.

Nos três casos que eu compartilhei, não fui respeitada, não atenderam quando eu disse não e só não houve a agressão física com grave violência, porque tive uma sorte muito grande. Porém há algumas outras ocorrências que fui lembrando durante o processo de escrita deste livro, em que eu não consegui dizer não, pela minha fragilidade emocional e psicológica. Permiti sem querer/desejar que pessoas se aproximassem de mim e me tocassem, ora com um abraço mais apertado e de forma mais demorada, aqueles abraços que incomodam e percebemos segundas intenções nele, até beijos e inícios de namoros sem que fosse algo que eu realmente quisesse naquele momento. Eu apenas não conseguia reagir diante de situações que eu era pega de surpresa, que não esperava acontecer.

Somente agora, depois de muitos anos, tive a tomada de consciência de que muitas coisas e situações que eu carregava na forma de culpa e no silêncio, no secreto do meu ser, foram mais uma daquelas ciladas da mente, das sequelas infinitas e destrutivas da violência sexual.

Hoje, tenho a plena consciência e a força necessária para reagir e dizer não e ensino que o nosso corpo é único, é íntimo, cabe somente a nós permitimos qualquer ação sobre ele e está tudo bem em dizer não quando não queremos. Amei passar por esse novo processo de aprender primeiro a me amar, me olhar, me acolher, me respeitar e me curar.

Capítulo 9

A virada de *chave*

Oficialmente uma escritora, Marta Vanuza (Martinha) se descobriu apaixonada pela arte de escrever, compartilhar informações e semear o bem, o amor e as dádivas da vida, por meio da escrita. Hoje, me reconheço uma mulher forte, desperta e poderosa, que conseguiu acolher e resgatar uma garotinha e uma jovem que viviam aprisionadas pelas marcas deixadas pela violência sexual.

Em plena unidade entre essas três personagens, utiliza-se deste último capítulo para um breve relato da sua jornada até aqui.

Durante a escrita deste livro, passei por um período de ressignificação e reprogramação mental. Conforme fui escrevendo o relato dos abusos, fui revivendo os momentos e as dores e aqueles sintomas mencionados voltaram (dor, angústia, tristeza, sensação de um vazio imenso, dor no estômago, ansiedade, medo e insegurança).

Não demorou muito para eu procurar a psicóloga novamente, mas, dessa vez, experenciei uma das melhores ações da terapia, o processo real da cura, do entendimento, da tomada de consciência, de trazer a verdade e a luz para a escuridão, de encontrar as chaves para abertura da porta em direção a um novo caminho.

Lembro-me que nesse novo retorno à psicoterapia, já cheguei dizendo: "Me sinto como se eu estivesse presa, como se eu estivesse com correntes em um dos pés e nas mãos".

E isso era muito real, as sequelas da violência sexual, apesar dos anos e de eu ter pensado que já estava completamente curada, ainda tinha deixado em mim sequelas profundas e, mesmo sem eu me dar conta, de acordo com algumas situações que aconteciam, ativavam em mim um gatilho e eu mentalmente me aprisionava de novo e de novo. A consciência e a cura vieram por meio do longo e maravilhoso processo do autoconhecimento, no qual percebi que as chaves para abrir os cadeados daquelas correntes estavam em minhas mãos e só as enxerguei após a decisão de pedir ajuda e de buscar conhecimento para sair daquelas prisões.

Fiquei várias vezes me questionando se iria valer a pena me expor dessa forma, vieram o medo do julgamento, a culpa e a vergonha. Então, percebi que eu estava vivendo em regime fechado dentro do sistema prisional da minha mente. Ao tomar consciência disso, foi libertador. Passar por esse processo da escrita me fez ainda mais forte e me deixou mais motivada a concluir este livro.

Sinto-me encorajada e livre. Desejo de todo coração que este livro seja um instrumento de auxílio e de informação para muitos, que de alguma forma possa ajudar pessoas que, assim como eu, foram vítimas dessa destrutiva violação e, quem sabe, ilumine a mente de possíveis leitores vítimas a encontrarem o caminho do tratamento, cura e libertação dessa violação.

Fazendo uma analogia, com a publicação deste livro, eu me apodero de preciosas chaves, abro os cadeados que me prendiam a essas correntes, pego oficialmente o meu alvará de soltura e me torno livre dessa prisão emocional.

A partir de agora, compartilho com você essa virada de chave, de posse da mais preciosa delas, *a chave da informação*, e te convido para se juntar nesse propósito. De forma coletiva, vamos juntos ajudar outras pessoas, especialmente crianças e adolescentes, a encontrarem o caminho da libertação, do tratamento, cura e ressignificação.

Gratidão por ter chegado até aqui comigo nesta jornada!

Capítulo 10

Você faz parte do *propósito*

Tenho uma boa notícia. Quando comprou este livro, você já começou a materializar o propósito desta obra. Assumo o compromisso como autora de designar uma porcentagem da minha parte nas vendas deste livro para a Associação Movimento Mãe Águia, uma instituição em Campo Grande/MS que oferta apoio, orientação e atendimento psicossocial às crianças, adolescentes e mulheres vítimas de violência sexual.

Conheci o Movimento Mãe Águia quando eu atuava como conselheira tutelar e, na ocasião, havia poucos lugares para encaminhar as crianças e adolescentes para atendimento individual em psicoterapia. Era uma grande frustração estar com uma demanda tão urgente e, ao mesmo tempo, saber que essas crianças e adolescentes iriam para uma fila de espera com possibilidade de nem serem atendidas da forma que mereciam e necessitavam. Contudo, a Dany Duarte, fundadora da associação, estabeleceu uma parceria com os conselheiros tutelares, naquela época, para ofertar atendimento prioritário aos encaminhamentos oriundos do Conselho Tutelar.

Quero apresentar para você um breve resumo dessa relevante associação:

ASSOCIAÇÃO MOVIMENTO MÃE ÁGUIA DE COMBATE À VIOLÊNCIA SEXUAL COMETIDA CONTRA CRIANÇAS E ADOLESCENTES

A Associação Movimento Mãe Águia de Combate à Violência Sexual Cometida Contra Crianças e Adolescentes foi fundada pela assistente social Daniela de Cássia Duarte, em 20/12/2013, na cidade de Campo Grande/MS.

Tem como missão promover atividades, ações, projetos e finalidades de relevância pública e social, em relação às situações de violências, com a prevenção, o combate e o atendimento às crianças, aos adolescentes e às mulheres.

Atualmente, atende crianças e adolescentes vítimas de múltiplas violências, primordialmente, as sexuais, cujas famílias encontram-se em situação de vulnerabilidade socioeconômica e emocional (risco pessoal e social).

A instituição já desenvolveu mais de 30 projetos. E oferece Serviço de Convivência e Fortalecimento de Vínculos (SCFV); atendimento especializado psicojurídicossocial; socionomia/psicodrama - individual e familiar (crianças, adolescentes e mulheres); psicoterapia personalizada; psicanálise; notificações de violência e projetos educacionais em parceria com TJ/MS; Projeto Mãe Águia volta às escolas e capacitações na região centro-oeste.

Para quem se interessar em conhecer melhor e/ou contribuir com a Associação Movimento Mãe Águia, é só acessar as redes sociais — Instagram: @mãe.aguia; Facebook: Movimento Mãe Águia. Chave Pix: CNPJ: 19.965.216/0001-10.

Agora é com você! Passe adiante o aprendizado adquirido e, se puder, compre mais livros e dê de presente à outra pessoa que acredita na transformação da sociedade e que luta diariamente para fazer dela uma sociedade mais justa, amorosa e com esperanças de mudar cenários de violências.

REFERÊNCIAS

A SOCIEDADE de São Vicente de Paulo. **SSVP Brasil**, [202-]. Disponível em: https://ssvpbrasil.org.br/a-ssvp/. Acesso em: 2 set. 2024.

ATLAS da Violência. **Fórum de Segurança Pública**, São Paulo, 2024. Disponível em: https://forumseguranca.org.br/publicacoes/atlas-da-violencia/. Acesso em: 3 jan. 2025.

BÍBLIA. Bíblia sagrada. 8. ed. São Paulo: Paulus, 2014.

BRASIL. **Lei n. 13.431, de 04 de abril de 2017**. Estabelece o Sistema de garantia de direitos da criança e do adolescente vítima ou testemunha de violência. Brasília, DF: Presidência da República, 2017.

BRASIL. **Lei n. 8.069, de 13 de julho de 1990**. Estatuto da Criança e do Adolescente - ECA. Brasília, DF, 16 jul. 1990. Alterada pela Lei n. 12.696, de 25 de julho de 2012. Brasília, DF: Presidência da República, 26 jul. 2012.

MELO, Thatiana. Adolescente relata estupro do padrasto em Campo Grande e pastor aconselha homem a "pedir desculpa". **Midiamax**, Campo Grande, 2024. Disponível em: https://midiamax.uol.com.br/policia/2024/adolescente-conta-que-era-estuprada-pelo-padrasto-em-campo-grande-e-pastor-aconselha-homem-a-pedir-desculpas/. Acesso em: 4 set. 2024.

SPIEGAL, David. Amnésia dissociativa. *In*: ASSOCIAÇÃO AMERICANA DE PSIQUIATRIA. **Manual Diagnóstico e Estatístico de Transtornos Mentais.** [*S. l.*]: APA, 2023. Disponível em: https://www.msdmanuals.com/pt/profissional/transtornos-psiqui%C3%A1tricos/transtornos-dissociativos/amn%C3%A9sia-dissociativa. Acesso em: 30 out. 2024.